研学旅行教育课程研发与实施标准指南

YANXUE LVXING JIAOYU KECHENG YANFA YU SHISHI BIAOZHUN ZHINAN

刘海金 编著

中国环境出版集团 • 北京

图书在版编目（CIP）数据

研学旅行教育课程研发与实施标准指南 / 刘海金编著. -- 北京 : 中国环境出版集团, 2018.6（2019.4重印）

ISBN 978-7-5111-3696-1

Ⅰ. ①研… Ⅱ. ①刘… Ⅲ. ①中小学－课程标准－教学研究 Ⅳ. ①G632.3

中国版本图书馆CIP数据核字(2018)第117994号

出 版 人　武德凯
责任编辑　田　怡
责任校对　任　莉
装帧设计　彭　杉

出版发行　中国环境出版集团
（100062 北京市东城区广渠门内大街16号）
网　　址：http://www.cesp.com.cn
电子邮箱：bjgl@cesp.com.cn
联系电话：010-67112765（编辑管理部）
010-67112736（环境技术分社）
发行热线：010-67125803 010-67113405（传真）
印　　刷　北京中科印刷有限公司
经　　销　各地新华书店
版　　次　2018年6月第1版
印　　次　2019年4月第2次印刷
开　　本　880×1230 1/16
印　　张　2
字　　数　55千字
定　　价　15元

编委会

前言

随着新一轮教育改革的推进，研学旅行教育成为基础教育中不可缺少的一部分，并以研学课程的形式纳入中小学课程体系。为了更好地落实研学教育的育人目标，特制定本标准，以指导并规范中小学、旅行社等单位在设计和实施研学旅行课程中的各环节，确保安全、有效地开展课程。

目录

导论

1. 概念界定

从文字意义上解读，研学旅行可以拆分成“研”“学”“旅行”三个元素。“研”指的是研究，研究是主动寻求根本性原因与更高可靠性依据，从而为提高事业或功利的可靠性和稳健性而做的工作。“研究”一词常被用来描述关于一个特殊主题的资讯收集。利用有计划与有系统的资料收集、分析和解释的方法，获得解决问题的办法。研究是主动和系统方式的过程，是为了发现、解释或校正事实、事件、行为、理论，或把这样事实、法则或理论做出实际应用。研究是应用科学的方法探求问题答案的一种过程。“学习”有两个层次的解释，狭义的解释是通过阅读、听讲、研究、观察、实践等手段获得知识或技能的过程，是一种使个体可以得到持续变化(知识和技能，方法与过程，情感与价值的改善和升华)的行为方式。而广义的学习是指人在生活过程中，通过获得经验而产生的行为或该行为潜能的相对持久的行为方式。“旅行”主要指远行。旅行和旅游的区别就在于：旅行是在观察身边的景色和事物，“行万里路，读万卷书”，强调个人在此过程中的收获。旅游是指游玩，通常是团体出行，强调团队整体的娱乐活动。旅行是一种复杂的社会现象，旅行要涉及社会的政治、经济、文化、历史、地理、法律等各个社会领域，所以旅行更强调学习提升。

综合这三个词汇的解读，对研学旅行做此定义：研学旅行是以主动探究现实生活中各现象的本质原因为核心，以全面提升参与者个人素养，广泛积累实践经验为目的，有组织、有计划地在校外实施的综合性实践课程。

2. 课程性质

研学旅行课程属于学科综合实践课程，它以校外实践、参观为主要载体，以体验式课程为主要方式，培养学生发现问题、研究问题、解决问题的各项能力，提升学生人文、科学、艺术素养的教学过程。

3. 基本理念

在现实生活中，通过各种素材资源，充分调动学生学习兴趣，主动探索其现象背后的原理与规律，将其转化为经验的教学。其过程中还原人类对自然事物认知的过程与方法，重演人类认知的历程。

4. 设计思路

新一轮国家教育改革方案明确了以提升核心素养为目标的教育要求，核心素养教育是立足于学生主体，依据学生终生全面发展的教育需求特别设定的。依据核心素养教育理念，故推行以学生亲身实践为主要形式的教育模式，这种模式是要尽可能地回归到人类认知的规律上，将教学从书本回归生活，通过在各种生活环境中的观察、实验、反思、感悟等一系列过程，帮助学生逐渐提高解决问题的技能和方法，建立正确的思维方式，同时完成学科知识内化为经验的目标。

中小学能为学生提供的实践机会比较少，教学方面一般以实验类课程为主要形式，但由于各学校办学条件的差异，很多实验课程是难以落实的；另外，大部分学校还停留在借助观看图片、模型等传统感知的"实践"教学中，显然已经不能符合教育改革的要求，更不能满足新时代学生的需求。德育方面虽然借助春、秋游等各类学生外出活动走出校园，但是很多学校德育管理教师缺乏一线教学经验，不懂课程研发与实施，让这些活动变成了纯粹的旅游。

旅游本就是一种自我提升综合素养的教育契机，国务院于2014年8月9日下发《国务院关于促进旅游业改革发展的若干意见》，指出积极开展研学旅行的工作方向是正确的。还明确研学旅行是贯彻《国家中长期教育改革规划和发展纲要》和"十八大"及"十八届四中全会"精神的重要举措；是培育和践行社会主义核心价值观的重要载体；是全面推进中小学素质教育的重要途径；是学校教育与校外教育相结合的重要组成部分。随后教育部基础教育一司司长王定华在第十二届全国基础教育学校论坛上发表主题演讲，他首先提出了研学旅行的定义，即学生集体参加的有组织、有计划、有目的的校外参观体验实践活动。在此精神引导下，在《关于促进旅游业改革发展的若干意见》中首次明确了“研学旅行”应纳入中小学生日常教育范畴，其中第九条明确提出：“按照全面实施素质教育的要求，将研学旅行、夏令营、冬令营等作为青少年爱国主义和革命传统教育、国情教育的重要载体，纳入中小学生日常德育、美育、体育教育范畴，增进学生对自然和社会的认识，培养其社会责任感和实践能力。”基础教育部也发布《教育部等 11 部门关于推进中小学生研学旅行的意见》，明确了中小学生研学旅行是由教育部门和学校有计划地组织安排，通过集体旅行、集中食宿方式开展的研究性学习和旅行体验相结合的校外教育活动。开展研学旅行，有利于促进学生培育和践行社会主义核心价值观，激发学生对党、对国家、对人民的热爱之情；有利于推动全面实施素质教育，促进书本知识和生活经验的深度融合；有利于满足学生日益增长的旅游需求，从小培养学生文明旅游意识。

总目标
具体目标
（学段分目标）

1. 总目标

1.1 提升核心素养

通过调查、实习、参观等形式，引导学生加深对学科知识的理解，深刻认识课堂教学内容与实际生活的关系，在提高学生生活能力与学习兴趣的同时，对学生的课堂学习起到重要的辅助与整合作用。

1.2 培养学习兴趣

在研学过程中，通过对书本知识进行具体的、情境化的呈现，使学生认识到课堂学习内容的实际价值，认识到内容对其今后的学习、生活、问题解决所起到的基础性作用，从而提高学生的学习动机，引导学生主动地融入学习活动之中。

1.3 发展探究能力

在实际的研学情境中，学生通过教师主导的小组合作方式，对科技与人文课题进行持续性的关注与研究，结合新时代背景下的科技前沿、人文热点进行有层次、有目标、有方法的探究活动，结合当前重要课题培养探究能力，使探究式教学更具获得感。

1.4 引领生涯规划

研学活动涉及自然、社会、心理、艺术等各个领域，学生根据个人的兴趣爱好及学习特长，选择性地学习、探究，博采众家之长，将研学内容与课堂教学进行有机整合，为学生将来的专业选择、生涯规划提供丰富的体验机会和重要的参考指标。

2. 具体目标

2.1 科学领域

2.1.1 小学 1—3 年级

2.1.1.1 能说出常见自然现象（如日食、地震等）的名称

2.1.1.2 能说出常见科技（如电、磁、医疗等）的名称及用途

2.1.1.3 能说出著名科学家及主要贡献

2.1.2 小学 4—6 年级

2.1.2.1 能简述常见自然现象产生的道理

2.1.2.2 能举例说明现代科学技术（如克隆、航天）的名称及用途

2.1.2.3 能举例说明著名科学家的研究领域及主要贡献

2.1.3 初中

2.1.3.1 能举例阐述常见科学问题的领域及原理

2.1.3.2 能举例简述现代科学技术（如克隆、航天）的原理及对生产生活的重要贡献

2.1.3.3 能设计简单的实验并独立操作完成

2.1.4 高中

2.1.4.1 能够结合学科知识对常见科学问题进行系统阐述和分析

2.1.4.2 能够结合学科知初步掌握常见科技的工作原理并结合创新、绿色等理念提出改进建议

2.1.4.3 能够结合学科知识系统性地设计科学实验并合理解决相应的问题

2.2 艺术领域

2.2.1 小学 1—3 年级

2.2.1.1 能说出常见艺术门类（音乐、舞蹈、绘画等）的名称

2.2.1.2 能说出在体验活动中对艺术形式形成初步的了解

2.2.1.3 能说出著名艺术家及主要成就

2.2.2 小学 4—6 年级

2.2.2.1 能够结合简单的历史知识简要说明常见艺

术门类（音乐、舞蹈、绘画等）的历史发展及东西方差异

2.2.2.2 能够在特定的艺术领域中完成较为系统的体验

2.2.2.3 能举例说明中外著名艺术家及主要成就

2.2.3 初中

2.2.3.1 能够结合当代社会文化，较为全面地说出艺术门类及其主要特点

2.2.3.2 能够对特定的艺术领域形成持续性的关注和兴趣

2.2.3.3 能够结合当代社会背景，举例说明特定艺术领域的代表人物及主要成就、社会影响

2.2.4 高中

2.2.4.1 能够结合当代社会生活需要，对特定艺术领域的发展提出个人见解

2.2.4.2 能够在特定的艺术领域形成持久性的兴

趣，并能够以作品、表演等形式呈现

2.2.4.3 能够结合社会历史背景，举例说明并初步分析特定艺术领域代表人物的特点及思想特征

2.3 人文领域

2.3.1 小学 1—3 年级

2.3.1.1 能够结合课堂教学内容，说出著名历史人物的名称

2.3.1.2 能够结合课堂教学内容及自身的生活环境说出著名的历史文化景点的名称

2.3.1.3 能够自觉遵守保护文物的法律法规，并从我做起自觉遵守

2.3.2 小学 4—6 年级

2.3.2.1 能够结合课堂教学内容，说出著名历史人物的名称及其对当代生活的启示

2.3.2.2 能够结合课堂教学内容及自身的生活环境，说出国内外著名的历史文化景点的名称

2.3.2.3 能够结合感兴趣的人文领域学习内容，以文字、图片、陈述、活动等方式呈现自己的学习成果（如背诵古诗、讲历史故事、表演茶道等）

2.3.3 初中

2.3.3.1 能够结合课堂教学内容，举例说明著名历史人物的名称、特征、历史评价及对自身生活、学习的启示

2.3.3.2 能够结合课堂教学内容内容及自身的生活环境，举例说明国内外著名历史文化景点的名称、历史文化价值

2.3.3.3 能够结合自己的学习兴趣，举例说明历史文化景点、文化现象的历史沿革及对当代社会的影响

2.3.4 高中

2.3.4.1 能够结合课堂教学内容和自己的学习兴趣，对特定历史人物的思想、行为及历史影响提出个人见解

2.3.4.2 能够举例说明非物质文化遗产的名称及特点。初步了解对国内外历史文化遗存的级别划分

2.3.4.3 能够举例说明国内外关于文物保护、文化传播的法律、法规及相关措施。能够初步地以文化强国、构建人类命运共同体的角度对发展和振兴文化产业提出自己的见解

2.4 健康领域

2.4.1 小学 1—3 年级

2.4.1.1 能够养成科学锻炼、按时锻炼的好习惯

2.4.1.2 能够遵守科学饮食的相关要求

2.4.1.3 能够养成良好的卫生习惯，如规范刷牙、科学用眼

2.4.2 小学 4—6 年级

2.4.2.1 能够选择自己感兴趣的体育项目并定期坚持锻炼

2.4.2.2 能够识别健康的饮食行为并严格遵守

2.4.2.3 能够结合自己的学习生活特点合理、健康作息

2.4.3 初中

2.4.3.1 能够结合自身的兴趣和特点，说出特定体育项目对健康生活的意义及注意事项

2.4.3.2 能够结合课堂教学内容及自身发育的特点，合理、均衡地选择饮食

2.4.3.3 能够结合自身的身心发展特点和生活环境，正确看待与合理解决青春期、科学用脑、远离烟酒毒品、预防传染病等问题

2.4.4 高中

2.4.4.1 能够结合自身的兴趣和特点，对特定的体育项目进行适合自身条件的调整与改进；积极参加现代休闲体育运动，并在参与活动中发扬互助合作的精神

2.4.4.2 能够根据相关学科内容及健康信息，对健康饮食提出个人观点，对自己的健康饮食提出改进

措施

2.4.4.3 能够根据学校教学内容及相关法律法规，对健康生活理念提出个人观点，并结合自身特点提出实施方案

2.5 社会领域

2.5.1 小学 1—3 年级

2.5.1.1 能够了解个人与社会的关系，尊重他人，关心集体

2.5.1.2 能够说出社会生活中的主要职业名称

2.5.1.3 能够说出至少 1 个法律法规的名称

2.5.2 小学 4—6 年级

2.5.2.1 能够说出并遵守人际交往中的重要礼节

2.5.2.2 能够举例说出家长、邻居所从事职业的名称及主要社会功能

2.5.2.3 能够树立明确的公民意识，举例说明法律的作用

2.5.3 初中

2.5.3.1 能够举例说明并展示特定情境的礼仪规范

2.5.3.2 能够举例说明并展示特定职业的主要特征及社会功能

2.5.3.3 能够结合自身的学习生活，学习特定法律法规，并初步应用法律法规分析和解决问题

2.5.4 高中

2.5.4.1 能够系统性地阐释和展示不同情境的礼仪要求

2.5.4.2 能够针对特定行业领域的工作流程进行初步展示，并结合当前社会需求提出建设性的意见建议

2.5.4.3 能够结合特定的法律法规，对不同的案例进行分析和比较。对立法、执法、司法相关的热点问题提出自己的见解

内容标准

（五大领域标准）

1. 科学主题

本主题以培养学生科学素养为目标，课程内容涉及数学、物理、化学、生物、自然地理、信息技术等学科中的一门或多门。科学主题主要是通过科学实践活动、科学探究活动及科学建模等多种方式，帮助学生认识和理解自然规律，学习科学研究过程和方法，提升科学思维能力，形成科学态度并养成科学精神。

1.1 物理与地球科学

本领域以激发学生对物理与地球科学的好奇心为出发点，通过空间想象、模型建构及逻辑推理等课程的实施，帮助学生建立基本的自然观，通过观察、探索等系列活动的开展，帮助学生初步养成科学质疑、实事求是、勇于创新的科学品格。

1.2 数学与信息科学

本领域着重培养学生解决实际问题中有关科学计算和信息处理方面的能力，通过科研或生产中的课题研究，帮助学生掌握数学和信息科学的基本知识和理论，同时对信息科学发展前沿有所了解，并形成一定的科学研究及科学开发的能力。

1.3 化学与生命科学

本领域着重激发学生学习化学和生命科学的兴趣和好奇心，通过相关课程的学习，帮助学生进一步了解和认识自然界，帮助学生初步形成一定的化学与生命科学的大概念，例如，生物体的结构与功能的高度统一，局部与整体的辩证统一等，最终形成自然观，热爱生命，珍爱自然的情感。

2. 人文主题

本主题以培养学生人文素养为目标，涉及语文、英语、历史、人文、地理等多学科。人文主题主要是通过参观、访问、感受等方式，帮助学生认识社会，认识历史，提高自己的内在素质和人文底蕴。人文素养的培养是一个逐步递进的过程，是潜移默化、润物细无声的学习过程。

2.1 历史与文化

历史是凝固了的现实，现实是正在发展着的历史。本领域课程的开展让学生了解中国传统文化是数千年沉淀下来的精华，通过学习中国传统文化，一方面可以增加学生对历史的了解、对文化的了解，丰富自己的知识面；另一方面可以培养学生民族自豪感和增加民族凝聚力。

2.2 政治与法律

人除了自然属性外，还有社会属性，社会生活中必须遵照一定的规则。本领域重点培养学生的政治素养和法律常识，政治素养包括政治理论知识、政治态度和政治价值等，法律常识的培养使学生看待问题、处理问题更加理性，要求加强自我修养，规范自己的行为，同时了解作为公民的权利和义务，最终树立正确的价值观、人生观。

3. 艺术主题

本主题以培养和提高学生艺术素养为目标，涉及语文、音乐、美术、绘画等学科。艺术教育有着其他教育不能替代的作用，本主题通过参观、欣赏、体验等课程，帮助学生增加艺术智慧、培养鉴赏水平，提高艺术修养，从艺术教育中感受生活、感受生命带来的一切美好和惊喜。

3.1 美学鉴赏与艺术熏陶

本领域课程通过参观、体验等方式，让学生近距离接触艺术的美，感受艺术的内涵，体验艺术的智慧，学会在生活中发现艺术，学会欣赏艺术的美，养成求真、求美、求善的真性情。

3.2 设计与创作

本领域课程通过体验及动手操作等方式，让学生根据自己所学所得或者爱好兴趣选择作业内容，像设计师或艺术家一样进行创作，提炼设计师的创作思维，体会艺术家的灵魂智慧，让学生不仅懂得欣赏美，还能创造美，为社会的美与和谐贡献力量。

4. 健康主题

本主题包括身体健康、心理健康和社会适应良好三部分内容，以提高学生的综合健康素养为最终目标，涉及心理、营养、医学、生物、体育等多学科。健康主题主要是通过测试、体验、参观的方式，帮助学生提升健康意识，规范自己的行为，养成健康生活的习惯，并能对自己和他人的健康发挥积极作用。

4.1 身体健康

本领域是从身体方面阐述健康的基本内容，包括身体形态发育良好，体形均匀，人体各系统具有良好的生理功能，有较强的身体活动能力和劳动能力，借助测量数值（如身高、体重、体温、脉搏、血压、视力等）和各种生理指标来衡量，通过本领域课程学习帮助学生建立正确的身体健康观，学会科学膳食和树立良好的运动观。

4.2 心理健康

本领域是从心理、情感和情绪方面阐述健康的基本内容，通过解决实际问题及体验活动的方式让学生了解心理健康的科学内涵和基本要求，帮助学生学会日常生活的礼貌用语，建立自信，掌握和他人友好相处的技能，学会调节情绪和压力的基本方法，正确应对失败和挫折。

4.3 社会适应

本领域着重培养学生的人际交往能力及对社会问题的辩证分析的能力。通过具体情境带入，要求学生待人接物能大度和善，不过分计较，能助人为乐，与人为善，要求学生看待问题有两面性，具有自我控制能力，适应复杂的社会环境，对事物的变迁能始终保持良好的情绪。

5. 社会主题

本主题以培养学生生涯规划能力和优化生活品质的能力为目标，涉及政治、语文、英语、数学等学科。通过讲座、名人访谈、量表测试、职业体验、参观等课程，帮助学生更加理性和深刻地了解自己，合理规划人生发展阶段，通过职业体验课程对多种职业有真实的感受，便于做出理性的职业选择，另外，通过智能课程和礼仪课程的学习帮助学生感受科技给社会生活带来的便利，同时提高自己的生活审美。

5.1 生涯规划

本领域课程主要通过讲座、个案分析等方式对学生的主客观条件进行测定、分析，便于学生选择高等学府的专业和进行高考志愿填报。这部分课程帮助学生对自己的兴趣、爱好、能力、价值观、特点进行综合分析与权衡，同时根据自己的职业倾向，确定最佳的奋斗目标，并为实现这一目标做出行之有效的计划。

5.2 职业体验

本领域课程主要通过参观、访问及体验的方式进行，弥补了学校教育中关于职业知识和技能“停留在书本”的不足。通过参与到社会职业的实践学习和体验中，让学生对未来职业有亲身体验和真实感受，减少了未来职业选择的盲目性，并为毕业迈入职场打下基础。

5.3 品质生活

本领域课程通过体验式学习让学生体会现代科技带给生活各种便捷的同时感受中国作为礼仪之邦的底蕴。实操性课程帮助学生进一步熟悉身边数字化产品，提高生活质量；体验式课程帮助学生学习日常用语和穿着的礼仪，提升内在修养，帮助学生在今后的生活中更好地融入社会。

实施建议：案例＋评价

（评价方法）

案例 1

1. 活动主题：《小卫星与航空航天技术》

2. 所属范畴：科学领域

3. 活动简介

本课程依托中国科学院、中国人民解放军理工大学、南京航空航天大学等科研单位，走进中科院空间科学与应用研究中心，进行航天观测实践体验。在专家的悉心指导下开展《小卫星与航空航天技术》课程，师生首先通过讲座较全面地了解现在航天技术的概况，然后走进三亚军事基地的重点实验室，模拟观测并记录数据，在专家的引领下对数据进行分析处理，深入地认识我国航空航天技术的发展，同时促进同学们心中对祖国的崇敬和热爱。

4. 活动目标（初中）

4.1 能举例阐述北斗卫星的功能及其工作原理

4.2 能举例简述北斗卫星对现代气象预报的原理及对生产生活的重要贡献

4.3 能设计简单的观测活动并独立操作完成

4.4 通过形式多样的活动，提高学生探索未知的兴趣，结合生活实际，有效运用所学知识

5. 活动过程

5.1 行前准备（地点：北京）

行前培训会：物理老师讲授《导弹与卫星中的科学》课程

北京北海琼州岛与三亚琼岛气候对比

5.2 活动安排（地点：三亚）

09：00—11：00 研究中心主任 讲授《空间中心与中国火箭探空事业》专题讲座

11：00—13：00 午餐 + 午休

13：00—15：00 军事基地参观考察和模拟卫星探测实验

5.2.1 北斗卫星所在的位置、高度、数目、作用

5.2.1 北斗卫星定位导航系统和气象预报的数据处理方法及应用

5.2.3 北斗产业未来的机遇与挑战

6. 评价

姓名		学校	
课程名称	任务选择		成果形式及完成情况
前期理论 课程			
北京北海 考查课程			
三亚考查 课程			
自学实践 课程			
自主拓展 研究			

案例2

1. 活动主题：天津科技大学参观考察

2. 所属领域：科学领域、健康领域

3. 活动简介：

本活动在我国轻工业行业享有盛誉的天津科技大学展开。天津科技大学泰达校区坐落在近些年发展飞速的天津滨海新区，食品工程与生物技术学院拥有国家级重点实验室，在高校专家的带领下，学生们观摩我国很多耳熟能详的食品、饮料品牌等研发过程，在学习了极具代表性的食品制作工序和检验后，亲自动手尝试健康食品的制作，并分享自己的成果。在高校的考查活动中，学生们不仅收获了知识，了解了我国轻工业的发展与变迁，而且激发了对大学生活的渴望，为自己重新设定了奋斗目标。

4. 活动目标

4.1 能够结合生物学科知识对常见微生物特征及应用问题进行系统阐述和分析

4.2 能够结合化学学科知识对物质的提取与检测等常见技术的工作原理进行阐述，并结合创新、绿色等理念提出改进建议

4.3 能够结合学科知识系统性地设计科学实验并合理解决相应的问题

4.4 能够根据相关学科内容及健康信息，对健康饮食提出个人观点，对自己的健康饮食提出改进措施

4.5 能够根据活动内容及相关法律法规，对健康生活理念提出个人观点，并结合自身特点提出实施方案

5. 活动过程

行前准备（地点：北京）

行前培训会：理论培训、安全教育活动安排（地点：天津）

9：00—11：00 食品工程学院重点实验室参观与学习

5.1 专家讲解实验室基本情况及安全注意事项说明

5.2 发酵、检验、制作等实验室进行观摩

5.3 体验健康食品制作

6. 评价

天津科技大学国家重点实验室参观考察学习任务单

6.1 请在参观后写出两种发酵工程中常用的菌种

6.2 请用流程图的方式表示冰激凌的制作过程

6.3 有一种说法“食品添加剂都是不好的”，你通过参观考察，对这种说法有怎样的评价？

案例 3

1. 活动主题：天坛神乐署——中和韶乐

2. 所属范畴：艺术、人文、社会、科学领域

3. 活动简介

课程划分为四大模块，《天坛中的传统哲学》《天坛中的建筑艺术》《天坛中的祭祀礼仪》《天坛中的自然规律》。四个模块覆盖了人文哲学、自然科学、建筑艺术、礼仪文化等内容，其中天坛神乐署的中和韶乐源于中国古代雅乐，是一种将礼、乐、歌、舞融为一体的传统典礼音乐。学生在全世界叹为观止的天坛建筑中，通过参观天坛神乐署中的非物质文化遗产，欣赏传统音乐专家学者演奏的中国古代最具典型意义的传统宫廷音乐，帮助学生认识天坛，感悟中华传统文化和艺术的博大精深，从不同的角度和领域激发学生的潜能和创造力。

4. 活动目标（小学 4—6 年级）

4.1 能够结合简单的历史知识及自身的生活环境，

简要说明常见音乐艺术门类（乐曲、乐器等）的历史发展及东西方差异

4.2 能够在中和韶乐乐师的指导下，完成感兴趣的乐器演奏，并配合其他体验者完成较为完整的曲目演奏

4.3 能够结合课程学习内容，举例说明中外著名音乐家和主要成就，及其对当代生活的启示

4.4 能够结合天坛建筑特点，说出国内外著名的历史文化景点的名称及建筑风格

4.5 能够说出古代天坛祭祀活动的重要礼节

4.6 能简述常见乐器产生声音的原理

5. 活动过程

5.1 行前准备（地点：学校）

行前培训会：理论培训——班级授课形式——天坛系列课程

5.2 活动安排（地点：天坛）

13：30—14：30 神乐署各殿内参观神乐署历史、乐律、词曲乐器等展览、聆听讲解员讲解和部分乐器

演奏展示

14：30—15：30 神乐署大殿欣赏中和韶乐礼乐演奏和演唱《合欢曲》《太平令》《千秋词》等曲目，学生体验古代乐器演 奏礼乐曲目

15: 30—16: 00 小组合作完成历代帝王排序的《黄袍接力》活动

6. 评价

姓名		学校		
1. 写出今天给你印象最深的三种乐器				
2. 上题中的乐器分别属于“八音”中的哪种？（“八音”，即金、石、丝、木、土、革、匏、竹）				
3. 分别写出 1 题中 3 种乐器产生声音的原理				
4. 写出 3 种国内外不同风格的建筑名称				
5. 写出 3 位中外著名音乐家及其主要成就				

研学旅行课程评价表

【说明】本评价表是针对研学旅行中各项目课程设计与实施情况的评价，各项目采用10分制，累积为百分评价。请根据各项目的达成程度，由10分到0分进行评价。每一个研学旅行课程都有很多项目地点，本表格规划了8个资源地点，可进行逐一评价。如果有超过8个地点的研学项目，可另附表格进行评价。

评价标准的具体解读如下：

地点评价：地点是否为独特新颖的资源（10分）

主题评价：课程主题是否符合场所特点（10分）

新颖评价：课程设计的新颖程度（10分）

趣味评价：课程设计的趣味性程度（10分）

安全评价：课程设计的安全程度（10分）

丰富度评价：课程设计的内容数量是否大于3项（10分）

教学评价：课程实施中教师讲解及实践体验二者比例关系（10分）

教师评价：教师的讲解专业化程度（10 分）

成果评价：课程学习呈现的成果情况（10 分）

参与度评价：课程内容学生参与程度（10 分）

研学地区		天数			学段			人数		
评价项目	资源地点 评价内容	1	2	3	4	5	6	7	8	汇总
资源单位评价	地点评价									
	主题评价									
课程设计评价	新颖评价									
	趣味评价									
	安全评价									
	丰富度评价									
课程实施评价	教学评价									
	教师评价									
	成果评价									
	参与度评价									
总分										

非量化评价:（写下您对本次研学项目的直观感受）

评价人：________

附录

有关行为动词的分类

1. 认知性学习目标的水平

从低到高

知道、记住、说出、列举、找到

认识、了解、看懂、识别、能表示、懂得

理解、解释、说明、区分、判断、简单计算

2. 技能性学习目标的水平

从低到高

模仿操作、初步学习

独立操作、初步学会

3. 体验性学习目标的水平

从低到高

经历、体验、感受

认同、意识、体会、认识、关注、遵守

内化、初步形成、树立、保持、发展、增强